KB187493

귀신은 없다!

공포체험집
귀신은 없다!

펴낸이 / 이홍식

글 / 이재광

그림 / 김경회

발행처 / 도서출판 지식서관

등록 / 1990.11.21 제96호

주소 / 경기 고양시 덕양구 벽제동 564-4

전화 / 031)969-9311(대)

팩시밀리 / 031)969-9313

jisiksa@hanmail.net

초판 1쇄 발행일 / 2014년 7월 20일

초판 2쇄 발행일 / 2017년 4월 25일

공포체험 해설집

귀신은 없다!

지금까지 귀신(유령·망령·혼령)의
존재를 의심했던 사람들에게
다음과 같은 믿지 않을 수 없는
체험담을 소개한다.
유령은 마음이 약한 사람에게 나타나므로
부디 당신은 귀신을 무서워하지 않는 강한
사람이 되기를 바란다.

지식서관

차례

0

나는 유령을 보았다……

유령을 보았다는 이야기를 곧잘 듣습니다. 그러나 그 대부분은 일종의 환각이나 망상이라고도 생각하지만……

내 손이 멋대로 움직인다……!

당신의 마음속에 망령이 들어, 당신의 생각과 다르게 글씨나 그림을 그리게 합니다. 그것이 불길 한 것을 의미한다면……. 만일 당신이라면 어떻게 대처하겠습니깨?

유령이 명령을 내린다

어느 날 갑자기 내 마음에 속삭이는 이상한 목소리가 들리게 되었다. 그러다가 마침내는 그 목소리가 나로 하여금 글씨를 쓰도록 하고…… 이것 역시 귀신의 힘일까? 아니면 어떤 다른 원인으로……?

❋ 어느 날 갑자기 날 부르는 소리가

어느 날 학교에 가기 위해 지하철 승강장에서 전철을 기다리고 있을 때였다.

"안녕하세요."

라고 내 머리 속에서 목소리가 들려 온 것이다.

두리번거리며 사방을 살펴보았지만 나를 보고 있는 사람은 아무도 없었다. 역에는 많은 사람들이 있었으므로, 누군가가 다른 사람에게 한 인사

였겠지 하고 별로 신경도 쓰지 않고 전철에 올라
탔다.

　그 날은 시험 때였기 때문에 나는 전철 안에서
교과서를 읽고 있었다. 그런데 갑자기 왼손이 멋
대로 움직이기 시작해서 교과서에 인쇄된 글씨를
한 자씩 한 자씩 짚어나가는 것이 아닌가!

　'안·녕·하·십·니·까.'

나는 깜짝 놀라서 어쩔 줄 몰라 주위를 두리번 거렸다.

✿ 유령의 망령
그 이후부터는 아무 때나 수시로 여러 가지 목소리가 어디서인지도 모르게 들려 오곤 했다.
예를 들어, 내가 목욕탕에 들어가려고 하면 나이 많은 남자 목소리가,

"내가 보고 있는데 부끄럽지도 않느냐!"
라고 말하는 것이다.

　내가 무서워서 목욕탕에 안 들어가려고 하면
이번에는 젊은 여자 목소리로,

　"목욕을 하지 않다니 불결하잖아."
하는 목소리가 들린다.

　그리고 내가 펜을 들고 있을 때는 멋대로 글씨

를 쓰곤 한다. 모두 나에게 명령을 내리는 것들뿐이다. 나를 보고 '나쁜 인간'이라느니, '그런 책을 읽으면 못 써.'라든가…….

처음에는 나도 무서워서 시키는 대로 했다. 하지만 얼마 후에는 나 자신의 자유가 속박되는 것 같아서 일부러 거역하게 되었다. 부모님에게 상의해도 도무지 믿어 주지 않았다.

여러분은 어떻게 생각하나요?

아버지는, 내가 스스로 글씨를 쓰거나 마음 속에서 목소리를 내고 있다고만 말씀하신다. 나는 2년 전쯤 〈귀신 부르기 놀이〉를 한 적이 있었지만, 지금껏 아무 일도 일어나지 않았다.

현재 나는 마음의 안정을 찾지 못하고 있다. 목소리의 방해로 무엇을 깊이 생각할 수가 없다. 그냥 평범한 인간으로 돌아갈 수 있다면 얼마나 행복할까!

망령에 의한 영혼의 소리와 손이 저절로 움직이는 현상!

▲

이 체험은 망령에 의한 영혼의 소리와 손이 저절로 움직이는 현상이 생긴 것 같다. 영혼의 신들림은 2년 전에 한 〈귀신 부르기 놀이〉 때가 아니라 최근 영혼의 목소리를 들었을 때라고 생각다. 아마도 역의 승강장을 떠돌고 있던 망령과 우연하게 파장이 맞아 씌어 버린 것 같다.

앞으로는 영혼의 목소리를 들어도 그것에 현혹되지 말고 뺨을 때리거나 해서 자기의 의식을 찾도록! 당신의 강한 의지를 알면 혼령도 체념하고 물러갈 것이다.

혼자서 고민하지 말고
의논을 하자!

▲

혼령이 말하는 것은 일상 생활에 깊이 연관되어 있는 것이 매우 많다. 미희는 아직 어린 여학생이어서 마음이 흐트러지기 쉬울 때이다.

따라서 망령들의 노림을 받기 쉬운 상태라고도 할 수 있지만, 미희의 부모는 딸의 상담에 잘 응해 주지 못하는 것 같다. 미희의 마음 한 구석에 부모의 보살핌을 바라는 마음이 간절해서, 실제로는 없는 목소리를 만들어 내거나 자신도 모르게 무엇을 그리거나 쓰고 있는지도 모른다.

부모님에게 이런 사실을 상세하게 말씀드리고, 그 밖의 다른 일들로도 대화하는 기회를 많이 가지는 것이 중요하다.

갑자기 오른손이 마비된 것같이 느껴지더니 제멋대
로 움직여서 이상한 그림을 그리기 시작한 것이다.

나를 지켜 주는 용의 유령

나에게는 용의 혼령이 붙어 있다. 그 덕분으로 여러 가지 위험에서 구조를 받기도 하지만 어쩐지 무섭기도 하다. 내 손이 마음대로 움직여 용의 그림을 그렸을 때는 정말 놀랐다.

❋ 신경이 매우 예민한 나

나는 어릴 적부터 머리가 무척 예민한 아이였던 것 같다. 지금도 시험 문제 출제 예상을 잘 하거나 가위바위보나 카드놀이의 실력이 보통이 아니다.

처음에 나는 뱀의 혼령에 씌인 줄 알았다. 나는 뱀이라면 몹시 싫어하지만 웬일인지 그렇게 느껴진다.

❧ 길 한가운데에 뱀이

어느 날 내가 친구와 만나기로 했는데, 약속 시간이 늦을 것 같아서 종종 걸음으로 약속 장소로 가고 있을 때였다.

그 곳은 주위의 전망이 좋지 않은 오솔길이었다. 큰 길과 교차되는 네거리가 가까워졌는데, 보통때에는 차량 통행이 많지 않은 곳이어서 그대로 지나치려고 했을 때이다.

내가 막 교차로를 지나가려고 하는 순간 조그마한 뱀이 눈 앞에 보이는 것이 아닌가! 깜짝 놀란 나는 그 자리에서 걸음을 멈추었다.

바로 그 순간 커다란 트럭이 내 앞을 굉장한 속력으로 가로질러 간 것이다. 나는 또 한 번 놀라서 그 자리에 멍청히 서 있었다.

정신을 차려 보니 분명히 그 곳에 있었던 뱀은 온데간데없이 사라지고 말았다. 혹시 잘못 본 것은 아닐까 하여 주위를 자세히 살펴보았으나 뱀과 혼동할 만한 것도 없었다.

만일 내가 그 때 뱀을 발견하지 못했더라면 그 트럭에 치였을지도 모른다!

❀ 뱀이 아니고 용의 혼령

그런 일이 있고 난 후, 나는 뱀의 혼령에게 수호받고 있다는 생각을 하게 되었다.

그런데, 그로부터 1주일쯤 지났을 때 또다시 이

상한 일이 일어났다. 그것은 수업중이었는데, 선
생님이 칠판에 쓴 것을 내가 열심히 필기하고 있
을 때였다.

　갑자기 오른손이 마비된 것같이 느껴지더니 제
멋대로 움직여서 이상한 그림을 그리기 시작한
것이다.

　그것은 5분 정도 걸려서 끝이 났다.

　나중에 그것을 친구들에게 보여 주었더니, 책

에서 보았다는 용의 혼령 그림과 흡사하다는 것
이었다.

　지금 생각하면 차에 치일 뻔했을 때 본 뱀도 조
그마한 용이었던 것 같다.

　이러한 내가 앞으로 어떻게 해야 할지 도무지
갈피를 잡지 못하겠다. 다만, 용의 혼령님에게는
감사하는 마음으로 가득 차 있다.

해 설 1

수호령에 의한
영적 수호 현상!

⚠

　그녀의 체험은 전형적인 수호령에 의한 영적 수
호 현상이다.

　옛날부터 뱀이나 여우가 사람은 홀린다는 말이
있지만, 동물의 혼령이 사람을 수호하는 것은 극히
드문데, 그녀의 경우도 수호하는 혼령이 뱀의 이미
지를 만들어 나타난 것 같다. 어쨌든 매우 좋은 현
상이므로, 앞으로도 그 혼령에게 감사하는 마음을
잊지 말아야 한다.

28

머리가 매우 영리하다!

⚠

　유미는 머리가 매우 영리한 사람인 것 같다. 그리고 판단력도 뛰어난 것 같다. 가위바위보나 카드놀이는 머리와 판단력이 좋은 사람이 잘 하는 법이다.
　그것을 용의 혼령 덕분이라고 생각하는 것은 별로 나쁜 일은 아니지만, 좀 더 자신을 갖고 자기의 힘이라 생각하는 것이 중요하다.

왜 혼령이 씌이는가?

인간은 죽은 후(사후;死後)에 영혼과 육체로 분리되어, 육체는 없어져도 영혼은 없어지지 않고 사후의 세계로 떠난다고 한다.

●저승으로 가지 못하는 영혼

그러나, 사고 등으로 갑자기 사망함으로써, 자기가 죽었다는 것을 알지 못하는 영혼이나 이승에 어떤 미련이 남아 자기의 죽음을 인정하지 않으려는 영혼은 사후의 세계로 떠나가지 않고 이승을 떠돌아다니며 혼령이 되어 버리기 쉽다.

이승에서 방황하는 영혼은 자기의 죽음을 이해하지 못하고 단지 평소와 약간 다르다고만 느끼면서, 지나가는 사람들에게 "나는 어떻게 된 거죠?"하고 말을 걸기도 한다.

보통 사람은 말을 걸어도 쉽게 알아차리지 못하지만 영감이 강한 사람이나 영혼과의 파장이 맞는 사람인 경우, 영혼에 감응하는 수가 있다. 그리고, 아직도 이승에 미련이 있어 머물고 있는 혼령은, 이승에서는 육체가 없으면 아무것도 할

나는 유령을 보았다!

수 없다는 것을 알고 있기 때문에, 누구든지간에 마음의 틈
만 보이면 파고들어 그 육체를 차지하려고 한다.

그런 영혼은 영감이 강한 사람이나 파장이 맞는 사람을
발견하면 여러 가지 수단을 동원하여, 그 사람을 위협하여
마음을 비집고 들어갈 틈을 만들려는 것 같다.

● 수호령과 배후령

그리고 또 하나는 좋은 뜻으로 사람에 씌이는 혼령도 있다. 그것은 조상의 영혼 같은, 차원이 높은 영혼이 그 사람을 지키고 또 지도하기 위해 사후의 세계(저승)에서 강림한 수호령이나 배후령 등이다.

보통, 누구에게나 이 수호령이 깃들여 있어서, 여러 가지 위험으로부터 몸을 지켜 주거나 옳지 않은 일을 했을 때는 훈계하기도 한다. 물론 다른 악령으로부터 사람을 수호하기도 한다. 수호령에게는 감사하는 마음을 잊어서는 안 된다.

망령을 쫓는 방법

〈귀신 부르기 놀이〉는 절대로 하지 말도록.

그러나 일단 해서 망령에 씌었을 경우에 쫓아 버리는 방법은 있다. 〈귀신〉이 이상한 행동을 하기 시작하면 곧 그만둘 것.

놀이판은 부모님께 부탁해서 태워 버리도록 하고, 사용한 동전은 땅을 파고 소금을 섞은 흙으로 묻어 버린다.

만일 팔이 무겁게 느껴지면 소금물에 팔을 한참 동안 담가 놓는다. 이렇게 1주일 정도 하면 낫는다.

망령에 씌었다고 생각될 때는 종이를 사람 모양으로 오려서 거기에다 붓으로 이름과 생년월일을 적어 소금물을 담은 세면기에 띄운다.

그것을 3일 동안 머리맡에 놓아두었다가 그 물을 집에서 가급적 먼 곳에다 버린다. 이렇게 하면 웬만한 망령은 쫓아 버릴 수 있다.

그런데 가장 중요한 것은 자기 자신이 마음을 가다듬어 망령의 유혹이나 위협에 넘어가지 말아야 한다. 그리

고 이젠 가 버렸으니까 괜찮겠지 하여, 〈귀신 부르기 놀이〉를 다시 시작해서는 안 된다.

망령이 떠돌아 다니고 있다……!

사후의 세계(저승)로 가지 않고 이승에서 방황하는 망령이 사람에 달라붙은 영혼이 있다. 우리들 주변에는 사람에게 달라붙고 싶어하는 망령들이 우글거리고 있는지도 모른다.

언니의 유령이 나에게

나에게는 언니가 하나 있었다!? 그런데 이승에서 살아 보지도 못하고 죽은 언니의 유령이 나에게……!

✿ 한밤중에 가위에 눌려

나는 곧잘 남동생과 싸운다. 그럴 때마다 누나라는 이유로 언제나 어머니는 나만 꾸중한다.

그런데 나는 전혀 납득이 되지 않는다. 그런데 최근에는 동생과 싸움을 하기만 하면 그 날 밤에는 가위에 눌려 꼼짝달싹 못하게 된다.

언제나 밤 12시가 되면 잠을 잤고, 일어나려고 해도 몸이 움직이지 않아 돌아눕지도 못한다.

그리고 한참 있다가 어디에선지 **"응애! 응애!"** 하는 갓난아기의 울음 소리가 들려 온다.

❀ 언니의 유령이……

나에게는 언니로 태어날 아이가 있었는데, 사정이 있어서 태어나기 전에 낙태를 시켜 버렸다는 이야기를 옛날에 어머니로부터 들은 적이 있다.

가위에 눌렸을 때 들리는 갓난아기의 울음 소리는 그 언니의 망령인 것 같은 생각이 든다. 만일 언니의 망령이 확실하다고 해도 나는 역시 무섭다.

동생과의 싸움만 해도, 모두 나의 잘못만이 아닌데도 왜 나에게만 나타나서 무섭게 하는 건지 이상하다고 생각해…….

망령이라고는 할 수 없는
언니의 혼령!

⚠

언니의 망령이 한밤중에 정아의 몸을 꼼짝 못하게 하는 듯하다. 하지만 그 망령을 악령이라고는 할 수 없다.

정아가 망령에게 시달림을 받는 것은 동생과 싸움을 했을 때에 많이 일어난다고 한다. 그것은 정아를 놀라게 하기 위해서가 아니라 훈계하고 있는 것 같다.

남매 싸움은 삼가도록!

⚠️

　동생과 싸운 날 밤에만 그런 일을 겪고 있다면 동생과 싸움을 했다는 죄악감 또는 정신적인 피로가 그 원인이 아닐까? 언니가 될 사람이 있었다는 것을 옛날부터 정아는 알고 있었다고 한다.

　그렇다면, 만일 '언니가 있었으면 얼마나 좋을까?' 하는 마음, 또 그 반대의 생각이 갓난아기의 울음 소리를 만들어 내는지도 모른다.

몸을 꼼짝 못하는 이유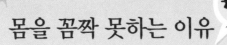

몸을 꼼짝도 못하게 되는 경우는 혼령에 의한 것과 그렇지 않은 것이 있는 것 같다. 하지만 자기 몸이 자기 뜻대로 되지 않는다는 공포감에서 모든 것을 혼령 탓으로 돌리기 일쑤이다.

그러나 육체적인 피로나 정신적인 피로 때문에 그런 증세가 일어나기도 한다. 예를 들면, 오랫동안 손이나 발에 깁스를 하고 있으면, 깁스를 뗀 뒤에도 곧바로 손발을 자유롭게 움직일 수 없다.

사람이 자고 있을 때, 어떤 원인으로 몸을 뒤척이지 않고 똑같은 자세로 자면, 역시 순간적으로 몸이 잘 움직여지지 않게 된다.

게다가 육체적 또는 정신적인 피로가 겹치면 그런 증세가 생기는 것이 당연한 일인지도 모른다. 영혼에 의한 것으로는, 영적인 랩에 의해 '찰싹' 하는 소리를 내는 〈랩〉이라 불

리는 것과 혼령의 모습이 보인다는 것이 복합되어 일어나는
경우가 많은 것 같다.

　밤중에 몸을 꼼짝 못하게 되었다 해서, 망령에 씌었다고
속단해서 고민하는 것은 잘못된 판단이다.

나는 마음 속으로 두 손을 모아 고양이를 위해 열심히
기도했다. 그리고 도망치듯이 그 곳을 떠났다.

차에 치인 고양이의 유령

나는 길을 걸어가다가 우연히 들고양이가
차에 치이는 것을 보았다. 하지만 나는 마
음 속으로 두 손을 모아 그 고양이의 명복
을 빌어 주었다. 그랬는데도……

✿ 비 오는 날에

그 날은 비가 내리고 있었다. 학교에서 집으로
돌아가는 도중 주위는 벌써 어둠이 깔리기 시작
했다.

그런데, 집 가까이에 있는 교차로에서 도둑고
양이 한 마리가 자동차에 치이는 것을 보게 되었
다.

차는 그대로 달려가 버리고, 고양이는 축 늘어

져 있었다.

나는 무서워서 그 자리에 멍하니 서 있었다. 그러자 또 한 대의 자동차가 달려와서 그 고양이를 또 다시 치고 지나갔다.

"퍽~!"

하는 기분 나쁜 소리와 함께 고양이의 몸이 찢기고 창자가 사방으로 흩어졌다.

질주하는 차들은 계속해서 그 위를 지나가고

나는 마침내 눈을 감아 버렸다.

　나는 마음 속으로 두 손을 모아 고양이를 위해 열심히 기도했다. 그리고 도망치듯이 그 곳을 떠났다.

✤ 고양이가 나를 원망하고 있을까⁉

　그런데 그 날 밤 여느때처럼 삼사리에 들어 불

을 끄고 잠을 청하려 할 때였다.

바깥에서 고양이의 울음 소리가 나고 고양이의 그림자가 달려 지나가는 것이 보였다.

그 이후 밤이 되면 고양이 울음 소리가 뒷전에서 사라지지 않고, 몸을 꼼짝도 못하게 되는 나날이 시작된 것이다. 지금까지는 한 번도 이런 일이 없었기 때문이다…….

아침에 등교할 때도 웬일인지 전보다 더 많은 고양이가 눈에 띄는 것 같다. 게다가 그 고양이가 내 쪽을 보고 우는 것이다. 어딘지 모르게 나를 원망하는 듯한 울음 소리 같다.

그렇다면 나는 모든 고양이들로부터 원망을 받게 된 것일까? 전에는 고양이를 그렇게 귀여워할 수 없었던 나였는데…….

당신에게 감사하고 있는
고양이 망령

△

차에 치인 고양이를 보았기 때문에 고양이의 망령에 씌었다고 선미는 생각하는 것 같다. 그러나 고양이 같은 동물의 망령의 경우에는 인간에 대해 감사하고 있는 경우에도, 결과적으로 살아 있는 사람을 놀라게 하거나 무서움을 느끼게 하는 일도 많은 것 같다.

어쨌든 선미는 차에 치인 불쌍한 고양이를 위해 기도를 해 준 착한 마음을 가지고 있으니까, 고양이가 원망을 하고 있다는 생각을 할 필요가 없을 것 같다.

고양이에 대한 생각은 잊어버리자!

▲

차에 치인 고양이의 무참한 시체.

그것을 보았다는 것은 선미로서는 매우 충격적인 사건이었음에 틀림없다. 밤마다 들리는 고양이 울음 소리, 그리고 고양이의 그림자.

냉정하게 생각하면 그 어느 것이나 이상할 것이 하나도 없는 일들이다. 시간이 지나면 저절로 공포 심도 없어지고 고민도 사라질 것이다.

유령 식별법과 물리치는 법

① 죽음을 알지 못하고 방황하는 영혼

교통 사고 현장이나 사람이 죽은 장소 따위에서 갑자기 등줄기가 서늘해지거나 머리가 무겁게 느껴지는 것은, 자기의 죽음을 알지 못하고 방황하는 영혼의 짓인지도 모른다.

처음에는 꿈으로 그 사고의 상황을 알려 주거나 모습을 보이거나 발자국 소리나 목소리를 들려 줌으로써 자기에게 눈길을 돌리게 하려고 한다.

혼령이 인간의 몸 속으로 들어가려고 할 때는 사고 현장이나 그 영혼이 생전에 살고 있던 거리를 걷게 하거나 그 사고와 비슷한 경험을 하도록 한다.

〈물리치는 방법〉

이런 혼령에 대해서는 마음 속으로 혼령에게 이야기해서, 자기가 죽었다는 것을 이해시킬 것, 그리고 사고 현장 등에 꽃다발이나 제물을 바치는 것도 좋다.

② 미련을 풀려고 하는 악령

병원, 화장장, 묘지, 옛날 전쟁터, 자살의 명소 등에서 갑자기 오한을 느끼거나 어깨가 무겁게 느껴지는 것은, 이승에 미련이 남아 그것을 풀려는 영혼들의 소행 때문이다.

처음에는 몸을 꼼짝 못하게 하거나 신음 소리나 무서운 모습을 보이거나 하여 인간으로 하여금 마음을 동요시켜 빈 틈을 만들어 달라붙기 쉽도록 만든다.

혼령이 달라붙기 시작하면 이번에는 달라붙은 인간의 몸을 마음대로 조종하여, 말이나 눈의 움직임 같은 것부터 차례로 조정하려고 한다. 그리하여 마지막으로 인간의 의식은 완전히 소외되고 만다.

〈물리치는 방법〉

이러한 혼령에 대해서는 먼저 자기의 의식을 확고히 하는 것이 중요하다. 그리고 마음 속에서 혼령을 향해 "절대로 육체나 정신을 빼앗기지 않겠다!"고 선언한다.

그리고 그러한 곳에는 혼자 가지 말고 친한 친구 등, 여럿이 함께 가도록!

③ 수호령이 되려고 하는 혼령

한식이나 추석 때에 제사 등을 지내기 위해 산소에 다녀오거나 제사를 지낸 날 밤, 몸을 꼼짝도 할 수 없거나 머리맡에 누군가가 서 있거나 방울이나 독경 소리가 들리는 것은, 선조의 혼령 등이 수호령이 되기 위해 인간과 감응하려는 경우가 많다.

그럴 때는 물리치겠다는 생각은 하지 말고, 산소나 부처님을 찾아 합장하여 진심으로 선조의 혼령에 감사하는 것이 중요하다. 이상으로 간단히 망령을 물리치는 법을 소개했는데, 이것들은 어디까지나 참고 정도로 생각하는 것이 좋다.

아무리 하여도 자신이 없을 때는 신부님이나 목사님 또는 스님을 찾아가 상의하는 것이 바람직하다.

거기에 유령이 살고 있다……

특별한 장소에만 나타나는 유령이 있다.
학교의 화장실, 묘지의 비석, 집의
벽……. 유령은 여러 곳에 머물고 있다.
당신의 주위에도…… !?

학교·묘지·집에 있는
유령……!

사람이 많이 모이는 장소에는 그만큼 어떤 인연도 맺어지기 쉽
다. 학교나 주택지, 물론 묘지 따위에는 혼령이 머물기 좋은 장
소인지도 모른다…….

벽 속의 유령

지은 지 오래되어 이제 곧 헐어야 할 낡은 교사에 유령이……. 화장실 벽에서 여자의 얼굴이 나타났다.

✾ 1920년대에 세워진 교사

이제 이 교사는 금년 중에 철거되고, 내년에는 현대식 건물의 교사가 완성될 예정이었다.

〈산귀 중학교〉라고 불리는 이 교사는 1920년대 초에 세워진 것으로, 일본 경찰이 독립 운동을 하던 우리의 애국 지사들을 고문하던 장소였다.

웬만큼 센 바람만 불어도 금방 허물어져 버릴 것같이 집이 울리고, 건물 전체가 비명을 지르는 듯했다. 미정은 중학 2학년. 어쩌면 3학년 때는 새 교사에 들어갈 수 있을지도 모른다는 기대에 부풀어 있었다.

✤ 여름 방학, 태풍 속에서

　여름 방학이 되었다. 미정의 학급 담임인 김 선생님은 생활 지도에 열심이었다.

　김 선생님은 여름 방학 숙제 중에 의문나거나

모르는 것이 있을 테니까 방학 중간쯤에 숙제 상
담회를 열자고 제안했고, 미정의 반 아이들 모두
가 그것에 찬성했다.

그 방법은, 날짜를 결정하고 3명이 1조가 되어
학교로 나가 김 선생님과 숙제에 대해 상담하는
것이다. 미정은 영숙과 영미 셋이서 학교에 가기
로 했다.

그 날은 공교롭게도 태풍의 영향 때문인지 아침부터 비바람이 거칠었고 하늘은 무거운 구름에 덮여 있었다.

우산을 쓰기는 했지만 세 사람 모두 흠뻑 젖어서 가까스로 학교에 도착했을 때는 이미 오후 4시경이었다.

미정은 맨 처음 김 선생님과 상담했다. 30분 정도로 상담은 끝나고, 이번에는 영숙과 영미가 상담하는 동안에 기다리고 있는 차례가 되었다.

비에 젖어 약간 추워진 탓인지 미정은 화장실에 가고 싶어서 복도로 나갔다. 태풍의 영향으로 낡은 교사는 삐걱거리기 시작하고 창틀이 마치 마귀할멈의 턱처럼 덜그럭거렸다.

아무도 없는 낡아빠진 교사는 폭풍우 속에서 몸부림을 치며 울고 있는 듯했다. 미정은 약간 무섭기는 했지만,

'오랫동안 다니던 학교잖아······.'

하고 자신을 격려하면서 복도 끝 쪽에 있는 화장
실로 들어갔다.

❀ 화장실 벽에 얼룩이

　화장실에 웅크리고 앉아 있는데, 눈 앞에 있는
벽면에 빗물이 스며들어 얼룩이 지고 있었다.

무심히 보고 있으니까 그 얼룩 모양이 차츰차츰 두 개의 눈 모양이 되고 이윽고는 사람의 얼굴 모양이 되어 갔다.

미정은 너무나 무서워서 다리가 떨려 일어서지도 못하고 그냥 그 벽에 나타난 얼굴을 부들부들 떨면서 바라볼 수밖에 없었다.

여자의 얼굴이었다.

갸름한 모양이고 코는 오똑하다. 눈은 길게 찢어져 아름다웠지만 눈동자에는 증오의 불길이 타오르고 있다.

입 언저리는 낡은 벽의 갈라진 틈과 포개어져 귀까지 쭉 찢어지고, 그 속은 컴컴한 영겁의 암흑이 이어져 있는 것 같았다.

"돌려 줘!"

여자의 얼굴이 그렇게 말한 것 같았다.

"내 목숨을 돌려 줘!"

이번에는 여자의 얼굴이 더욱 분명히 말했다.

"야마시다, 야마시다 중위!"

그러다가 갑자기 여자의 얼굴이 앞으로 쑥 튀어나왔다.

으악! 미정은 정신을 잃고 그 자리에 쓰러졌다!

✤ 죽은 여자의 저주

"미정아, 미정아!"

그 때 복도에서 영숙이와 영미의 부르는 소리
가 들렸다.

순간, 제정신이 든 미정은 화장실에서 구르듯
이 달려 나와 두 친구들을 껴안고 흐느껴 울기 시
작했다.

미정은 3일 동안 높은 열에 시달리며 헛소리를
계속했다. 얼마 안 되어 미정의 병은 나았지만,
학교 화장실에 나오는 유령 이야기는 학교 안에
퍼져 나갔다.

"그 일이 아직도……."

미정 아버지는 그 이야기를 듣고 이맛살을 찌
푸렸다.

"아빠도 들은 이야긴데, 일제 시대에 이 학교는
일본 경찰이 우리 독립 지사들을 가두고 고문을
하던 곳이었단다. 그 중에서 야마나까인지 야마

시다인지 하는 일본인 경찰이 있었는데, 그 자가 우리나라 사람들에게 수많은 악독한 짓을 했다는 구나. 특히 죄 없는 사람을 재미로 죽였다고 하는데, 한 번은 젊은 여자가 순순히 말을 듣지 않는다고 잔인하게 죽였다고 하더라. 그 이후 그 여자 유령의 저주를 받아, 이 곳에서 그 일본인은 매일 밤마다 악몽에 시달렸다고 해. 끝내는 해방되기 3일 전에 화장실에서 목을 매고 죽었다고 하는데, 그래도 아직까지 원한에 맺혀……."

미정 아버지는 그렇게 말했다.

지박령에 의한 영시와 영청의 병발 현상!

⚠

미정의 체험은 지박령에 의한 영시와 영청의 병발 현상이라고 생각한다.

참살된 여자의 망령이 야마시다 중위에게 붙어 그를 저주해서 죽게 했지만 그래도 아직 원한이 풀어지지 않아, 중위가 죽은 그 화장실에 망령으로 눌러 앉은(지박령) 것 같다.

그리고 우연히 그 망령과 파장이 맞는 미정이가 나타났기 때문에 자기의 억울함을 미정에게 호소해 온 것 같다.

그녀의 망령이 갑자기 나타난 이유는, 미정이가 유령에 씌었기 때문이 아

니라, 강력한 영혼의 감응이 미정이의 정신적인 공
포로 인하여 되살아난 것이라 생각된다.

그러므로 미정은 야마시다 중위가 아니기 때문
에 걱정할 필요는 없지만 낡은 교사를 철거한 후에
도 그녀의 망령을 잘 달래 주지 않는 한 그 망령은
그 곳을 계속 떠돌아다닐 것이다.

학교에 얽힌 괴담

수업이 끝난 뒤의 학교는, 그 때까지의 왁자지껄했던 분위기가 거짓말처럼 고요에 싸이는 장소가 되어 버린다. 그래서인지 학교에 얽힌 괴담이 아주 많다

소녀가 공중으로 사라졌다!?

나는 보고 말았다, 유령을!!

운동회의 가장 연극 준비로 교실에 남아 있을 때였다. 무심코 복도 쪽을 본 친구가,

"으악~!"

하고 창백한 얼굴로 고함을 치는 것이 아닌가!

나도 복도 쪽을 보았더니, 머리를 뒤로 묶고 체크 무늬의 스커트를 입은 17살 가량 되는 소녀가 태연하게 창 밖을 걷고 있었다.

우리 1학년 7반 교실은 2층에 있는데 말야!?

복도의 창 밖으로 보이는 소나무 숲에서 나타

나 공중을 걸어 다시 솔밭 속으로 사라져 버린 것
이다.

❀ 싱긋 웃고 사라진 소녀

깜짝 놀란 우리들은 뛰어서 복도로 나가 보았
다. 그러자 맨 끝에 있는 1학년 5반 교실 복도에,
단발머리를 하고 흰 블라우스에 바지 차림의 소
녀가 앉아 있었다.

그 소녀에게 말을 걸려고 하니까, 싱긋 미소를
짓더니 그만 온데간데없이 사라져 버렸다.

그 때의 일은 나 말고도 10명 이상 되는 친구들
이 보고 있었다. 그리고 학교에서 우리 외에도 이
유령을 본 사람이 많이 있다.

또한, 이 유령은 매년 9월 중순에서 하순에 걸
쳐서 나타난다고 한다.

❀ 뒷산의 비밀

　우리 학교는 지은 지 오래된 곧 쓰러질 것 같은 목조 2층 건물이지만, 얼마 전에 일어난 지진 때도 무사했다고 한다. 우리 나라는 지진이 잘 일어나지 않는데도 얼마 전에 지진이 발생했다.

그 때는 얼마나 놀랐는지 모른다. 하여튼 학교는 무사했다.

그것은 모래 땅 위에 지었기 때문이라는 설도 있지만……. 한 가지 무서운 사실도 알게 되었다.

알고 보니 학교 뒤쪽에 있는 모래 산에 6·25 전쟁 때에 죽은 사람들의 시체와 무기 따위가 묻혀 있다는 소문이다.

물론 교사 밑에도 고통받으면서 죽어 간 사람들의 백골이 파묻혀 있을 것이라고 한다.

3년에 한 번 있는 축제에 출몰하는 유령들······

우리 학교는 피아노실이 다락방에 있다.

하교 시간이 되었는데도 누군가가 피아노를 치고 있어서, 선생님이 주의를 주려고 문을 열어 보았더니 안에는 아무도 없었다고 한다.

그리고 3년에 한 번 열리는 문화 축제 때, 이 피아노실을 〈유령의 집〉의 회장으로 삼는 것이 관례가 되었다.

그런데 이 곳에 진짜 유령이 나타나는 것이다.

입구의 안내 담당과 안에 있는 유령 담당은 휴대용 소형 무전기로 연락을 취하여, 사람들을 놀라게 하는 준비를 하게 되는데, 아무 연락도 없었을 때에 사람이 지나가기도(물론 입구를 통하지 않고) 하는 등, 정말로 이 〈유령의 집〉은 남을 놀라게 하려다가 도리어 그들이 혼비백산 도망치게 된다.

또, 매년 가을에 한 번 유령이 대이동을 하는 날이 있다고 한다. 이 날에 어떤 교실의 어떤 자리에 앉으면, 그 사람은 왠지 모르게 몸을 꼼짝달싹 못하게 된다고 한다…….

소녀의 모습이······

　서울 변두리에 있는 한 여자 고등 학교에서는 4년쯤 전부터 괴이한 현상이 일어나고 있다.

　방과 후 보충 수업을 마친 학생들이 집으로 돌아가려는 오후 6시쯤이면, 인기척이 없는 복도를 쿵쿵거리면서 걷는 발자국 소리가 들리곤 한다.

　그 발자국 소리는 2층 북쪽 계단 부근에서 복도 막다른 곳에 있는 과학실로 향해 가다가 갑자기 멈춘다.

　학생들 중에는 소녀 같은 사람 그림자가 그 복도를 걸어가는 것을 어렴풋이 보았다고 한다.

　실은 5년 전에 당시 2학년이었던 소녀가 교통
사고로 죽었다는데, 혹시 그 소녀의 유령이 아닐
까 하는 소문이 있기도 하다.
　물론 선생님들은 아니라고 하지만, 그 소녀는
자기가 죽었던 6월 초가 되면 나타나서, 지루한
장마가 끝날 때까지 복도를 걸어 다닌다고 한다.

화장실에 나타나는 흰 그림자

학교나 회사, 병원 같은 데의 화장실에는 반드시 붙박이 문이 있다. 그리고 그 문에는 슬프고도 무서운 사연들이 숨겨져 있다.

대학생인 영희는 서울에서 태어났는데, 초등 학교 4학년 때 아버지의 직장을 따라 강원도에 있는 작은 도시의 초등 학교로 전학을 했다.

그 초등 학교는 목조 건물이었는데, 체육관 옆에 있는 여자 화장실에는 좌우로 5개씩의 문이 있었다.

전학해서 얼마 되지 않았을 때의 일이다.

수업 시작 벨이 울린 직후여서, 그 화장실에는 영희밖에 없었다. 누가 들어가 있는 줄로 생각한 영희가 다른 화장실의 문을 열려고 했을 때였다.

"꽝~!"

하고 큰 소리가 나며 문이 열리고, 흰 그림자가 영희 앞을 가로질러 달려갔다.

　옛날에 그 학교 주변이 묘지였다는 이야기를 들은 것은 그로부터 얼마 안 되어서였다.

　안식처를 잃은 유령이 그 곳을 떠돌아 다니는지도 모른다.

교무실에 흰 그림자가……

실은 우리 학교에는 재작년 연말에 돌아가신 선생님이 계셨다.

그 선생님은 술과 노래를 대단히 좋아해서, 그날도 술을 많이 마시고 노래를 한 곡 불렀다고 한다. 노래가 끝나자마자 그 자리에 쓰러져, 그대로 영영…….

그 선생님의 사모님은,

"좋아하는 술을 마시고, 좋아하는 노래를 부른 후에 돌아가셨으니까 그분도 여한은 없겠지요."

라는 말을 했다고 한다.

그런데, 그 후 얼마 안 되어 그분의 유령 같은 것이 나타났었다고 한다.

밤 9시경까지 교무실에 남아 있던 한 선생님이 문득 복도를 내다보았더니, 흰 그림자가 휙 하고 지나가더란다.

그 선생님은,

'아마 나를 만나러 온 것이겠지!'

하고 밝은 표정을 짓기도 했지만⋯⋯.

어쩌면 무엇인가 교무실에서 못다한 일이라도 남아 있는지⋯⋯?

학교 지하실은
옛날 영안실이었다!!

우리 학교는 생긴 지 올해로 63년.

학교에는 특이하게도 지하실이 많다. 그래서 자세히 알아보니까, 그것은 옛날 병원 지하실에 영안실이 있었기 때문이라는 거야…….

그리고 학교 안에는 새 교사와 낡은 교사가 있는데, 낡은 교사 쪽은 구조가 병원과 비슷하다. 계단이 많이 나 있고 그 때문인지 이상한 사건도 많다.

한번은 흰 가운을 입은 간호원이 복도를 걷고 있는 것을 교실 창문으로 본 사람이 있다.

두 번째는, 해가 질 무렵이면 낡은 교사의 맨 구석 쪽에 있는 교실에서 이상한 소리가 들려 온다.

이와 같은 이상한 일이 일어나기 때문에 해가 질 무렵이 되면 모두가 낡은 교사에는 되도록 가지 않는다.

지하실이 옛날 영안실이어서 그 곳에 시체가 가득 줄지어 있었다는 것을 생각하면 한낮에도 지하실에는 들어가고 싶지 않다.

게다가 이상한 소리는 어떤 일의 징후인지도 모른다……. 병이나 부상을 입어서 고통받고 있던 사람들의 혼령이 지금도 이 교사 안을 방황하고 있는 것이나 아닐지?

최근에는 또 벽에 생긴 얼룩이 사람의 얼굴로 보여서 무서워서 견딜 수가 없다.

일곱 가지 괴이한 일

우리 학교는 언덕 위의 전망이 좋은 곳에 있다.

그러나 그런 것과는 반대로 아주 이상한 일이 일어나고 있다. 학교에는 〈일곱 가지 괴이한 일〉이 있는 것이다.

먼저 첫 번째는, 특별 활동 외에는 그다지 사용되지 않는 소체육관이 있는데, 이 소체육관은 저녁때 이외에는 햇빛이 들지 않는 곳에 있어서 여름에도 실내 공기가 으스스하다.

그런데, 이 곳에서 유령이 나오는 것이다.

6 · 25 한국 전쟁 때 이 소 체육관이 있는 자리

에 방공호가 있었다고 한다. 그래서 거기에서 죽은 사람들의 유령이 나온다는 것이다.

두 번째, 학교에는 성모 마리아의 그림이 있는데, 이 그림은 이상하게도 마치 조각한 것처럼 보이며, 때때로 눈물을 흘린다고 한다. 나는 아직 한 번도 보지 못했지만……

〈일곱 가지 괴이한 일〉의 내용에 대해서는 여기까지밖에 말할 수 없다. 아니, 그 이상의 것은 나 자신도 알고 싶지 않다.

오렌지색으로 빛나는 소녀의 눈

이것은 내가 체험한 이야기이다.

작년에 학급 친구들과 〈담력겨루기〉를 했을 때의 일이다.

코스는 비가 오는 날이었기 때문에 체육관 → 도서실 → 음악실 → 체육관으로 정했다.

내 차례가 되어 마침 도서실을 지나갈 때의 일이었다. 도서실에서 혹시 무엇이 나오지나 않을까 하여 온 신경을 곤두세우면서 지나가는데, 도서실 바로 옆에 있는 창가에 키가 작은 소녀가 서 있더군.

조그마한 소녀니까 무섭지 않아 나는 안심했지만, 내가 그 아이를 한참 보고 있으려니까 그 애도 이 쪽을 보더군.

으악~!

그런데 그 아이의 눈이 오렌지색으로 빛나고 있는 게 아닌가! 하지만 눈이 부실 정도의 빛은 아니었다.

　걸음아, 날 살려라! 하고 그 곳을 도망쳐 나왔지만, 등줄기가 오싹해지더군. 나중에 친구들에게 그 이야기를 해 주었는데, 모두가 그런 아이 따위는 본 적이 없다는 거야.

　"……그렇다면 역시 그것은……!"

　어휴, 무서워! 오렌지색으로 빛나는 그 눈……
그 소녀는 무슨 말을 하고 싶었을까?

할아버지가 지팡이로 어깨를 툭툭 !!

이것은 우리 오빠가 겪은 이야기이다.

고등 학교에 다니는 오빠는 여름 방학 동안 학교에서 합숙을 하며 클럽 활동을 하게 되었다.

한 교실에서 4~5명이 같이 잠을 자는데, 오빠들이 있는 곳에는 4명만이 있었다고 한다.

그 날 밤은 몹시 무더워서, 창문을 열어 놓아도 바람 한 점 들어오지 않아 좀처럼 잠을 이루지 못했다고 한다.

그래서 오빠와 친구 경호는 여러 가지 이야기를 하며 시간을 보냈다고 해. 그러다가 친구 경호

가 화장실에 갔다 와야겠다고 해서 오빠도 함께
따라갔는데, 화장실에 전기가 켜지지 않더래.
　하는 수 없이 어두운 곳에서 용변을 보고 있었

는데, 경호의 어깨를 누군가가 무엇으로 톡톡 두드리더래.

"왜 이래! 용변 보고 있는데."

하고 뒤를 돌아보니, 키가 1미터도 안 되는 할아버지가 지팡이로 어깨를 두드리고 있더래.

그 순간 전기가 켜지고, 오빠는 어찌된 영문인지 몰라 눈만 두리번거리며 있는데, 경호는 기절해 쓰러져 있고, 할아버지는 온데간데없이 사라지고 없더래.

묘지에 얽힌 괴담

죽은 사람의 유골이 잠들어 있는 묘지. 육신을 잃은 혼령이 유일하게 이승에 남긴 자신의 뼈에 미련을 가지는 것은 극히 당연한 일인지도 모른다…….

묘지 부근에 가면 갑자기
등골이 오싹!

묘지에는 많은 혼령이 배회하고 있다. 그러니까 별 볼일 없이 묘지 안으로 들어가는 것은 위험하다.

그것은 당신의 몸이 혼령 가까이 가게 되어, 최악의 경우에는 혼령이 옮아붙어 불행한 결과를 초래하기 때문이다.

예를 들면, 묘지를 향해 있는 거리에 들어섰을 뿐인데도 갑자기 등줄기가 서늘하고 무거워지거나 몸이 나른해지거나 발이 아프거나 하는 많은 현상이 일어난다.

  그것은 절대로 육체적인 고통이 아니고, 무엇
인가가 작용해서 그런 것같이 느껴진다.

  사실 그것은 묘지에 있는 부유령의 소행인 것
이다.

  취재중에도 같이 간 한 사람이 두통을 호소했
다. 그런데 사무실로 돌아오자 통증은 씻은 듯이
사라진 것이다.

이처럼 좋지 못한 기분이나 몸의 통증 따위가 쉽게 사라질 때는 그렇게 나쁜 망령의 소행은 아니므로 아직 안심할 수 있다.

그러나 오랫동안 침울하고 답답한 감각이나 통증이 없어지지 않을 때는, 자신에게 악령이 씌어 버린 것이다.

우리 나라에서는 옛날부터 어떤 불길한 사건이 일어났을 때면 부정을 막기 위해 곧잘 소금을 뿌리는 습관이 있는데, 아마 그것으로 부정한 망령을 쫓으려고 하는 것 같다.

또 한 번 되풀이해서 말하지만, 악령에는 철저히 조심을 하지 않으면 안 된다. 당신의 마음의 틈을 노려 달라붙으려 하고 있으니까……!

바람 없는 밤에 사리탑이 소리를 낸다

묘지는 죽은 사람의 혼령이 잠들어 있는 곳이다. 그러므로 수많은 혼령이 떠돌아다니고 있다.

자기 집이 묘지를 향해 있는 소녀 만화가인 영미는 이렇게 말한다.

"밤이 되면 계단에서 소리가 나거나 목욕탕의 문이 활짝 열리거나 합니다. 우리 집 가족 모두가 응접실에 있었는데 말입니다. 또, 묘지를 향한 방에 있으면, 바람 한 점 없는 고요한 밤인데도 사리탑이 덜거덕거리며 소리를 냅니다. 그럴 때면 몸이 오싹해집니다. 특히 어머니는 영감이 무척

강해서 그런지, 매일 밤이면 머리맡에 혼령이 서
있다고 합니다."

'묘지를 향해서 창문이 나 있는 집에는 좋지 않
은 일이 일어나기 쉽다.'
라고 어느 신부님이 말한 바가 있다.

영미는 현재 집에서 멀리 떨어진 곳에 방을 빌
려 살고 있다. 이 경우의 영미도 역시 악령의 피
해자라고 할 수 있다.

주택지에 떠돌아 다니는 유령

모든 사람들의 가정을 감싸 주는 집. 인간 생활의 기반인 주택
에 나타나는 유령도 많다. 그리고 고독한 유령은 가정을 그리
워하며 주택지를 방황하고 있는지도 모른다.

아파트에 자살한
사람의 유령이!

    수정 언니는 어머니와 함께 아파트를 보러 돌아다녔다. 결혼을 2개월 가량 앞두고 있어서 결혼 후에 살게 될 집을 고르기 위해서였다.

✽다섯 번째로 본 아파트에서

    그런데, 쉽게 마음에 드는 집이 눈에 띄지 않았다. 벌써 다섯 번째. 청량리역에서 걸어서 10여 분쯤 걸리는 곳에 있는 미미 아파트라고 하는 5층의 빈 집을 찾아가게 되었다.
    관리인을 따라 방 안에 발을 들여놓았을 때, 수

정 언니는 왠지 좋지 않은 기분에 사로잡혔다.

그러나 그대로 거실로 들어가 보니, 방 안 가득히 부드러운 햇살이 비치고 있어서 조금 전에 느낀 언짢은 기분을 날려 버리고 말았다.

"이만하면 좋지 않겠니?"

하고 어머니도 마음에 든다는 듯이 말했다.

✿ 욕실에 피투성이의 남자가……!

방의 배치라든가 용도, 햇빛이 드는 것 등 모든 것이 지금까지 보았던 집보다는 월등하게 차이가 났고, 그러면서도 집세는 그다지 비싸지 않았다.

수정 언니의 생각도 차츰 이 집으로 기울어져 갔다.

"여기가 욕실입니다."

관리인이 문의 손잡이를 잡은 채, 수정 언니와 어머니를 밀어 넣듯이 욕실로 들어가게 했다.

"엄마야~!!"

　수정 언니는 기겁을 해서 정신을 잃을 뻔했다.
가까스로 그 곳을 뛰쳐나오면서 소리쳤다.

　"나가요! 빨리 여기서 나가요!"

　관리인실에서 가까스로 평정을 되찾은 수정 언
니는 아직도 창백한 얼굴로 설명하기 시작했다.

　"욕실에 피투성이인 남자가 있었어요. 욕조에
기대어 몸을 뒤틀며 괴로워하고 있었어요. 목욕

탕 안과 바닥에도 피가 흥건했고요!"

✽ 숨기고 있던 비밀

이번에는 관리인이 맥 풀린 표정을 지으면서 나지막한 목소리로 말했다.

"아, 그렇습니까. 그런 것이 보였단 말이지요? 사실을 말씀드리자면, 지금부터 4개월 전에 여기서 살던 가족의 가장이 목욕탕에서 자살을 했어요. 욕실 근처가 온통 피바다였습니다."

수정 언니는 나중에 이렇게 말했다.

"나는 영감이 있는 것 같아요. 때때로 이런 기묘한 일이 있고, 어릴 때에도 유치원에 다닐 때 한번은, 부산에서 살고 계시는 할머니가 집에 왔다고 해서 가족들을 놀라게 한 적이 있었어요. 그런데 그 날 오후에 할머니가 돌아가셨다는 연락이 왔습니다."

집에 머물고 있는 유령

그 때 나는 중학교 1학년이었다. 아버지의 사업 관계로 우리 가족은 다시 멀리 강원도에 있는 그 집으로 다시 돌아가게 되었다.

우리가 서울에 와 있었던 1년간 그 집은 남에게 세를 주고 있었는데, 여기저기에 부적이 붙어 있었다.

이상하게 생각했지만 중학생이 되었다 해서 처음으로 독방을 차지하게 된 나는 무척 기분이 좋았다. 내 방이 된 2층 방도 3장의 부적이 붙어 있었다.

✤ 무엇인가가 집 안에 있다

그로부터 2개월쯤 지난 어느 날 밤에 열심히 책을 읽고 있는데, 누군가가 억센 손으로 내 허리를 잡는 것이 아닌가! 나는 깜짝 놀라 옆으로 물러나 주위를 살펴보았지만 아무도 없었다.

그 무렵부터 이상한 말 소리가 들리거나 누군

가가 어깨에 손을 걸치거나 검은 그림자가 보이
거나…… 이런 기묘한 일들이 한 달에 2~3번 꼴
로 일어나게 되었다.

그렇게 1년쯤 지난 후, 어머니는 너무 기분이
나빠서 어느 유명한 무당에게 우리 집을 보아 달
라고 부탁했다.

그 결과는 몹시 나빴는데, 특히 내 방이 가장 나쁘다는 것이었다. 그러나 대문을 고치면 괜찮다는 말을 듣고, 그렇지 않아도 개조하려고 생각하고 있었기 때문에 대문과 주방을 고쳤다.

❋ 빛덩어리가 내 앞을……

그런데 어느 날 오후, 복도를 걷고 있을 때 사람의 머리 크기만한 빛덩어리가 내 어깨 부근을 스쳐 굉장한 속도로 내 방으로 사라지는 것이 아닌가! 그러니까 대문을 고친 것도 별 효험이 없었던 것이다.

그로부터 2개월쯤 지나서 우리는 그 집을 팔아 버리고 새 집으로 옮겼다.

어머니에게 들은 바로는, 전에 살고 있던 사람들이 밤에 잠을 못 잘 정도로 많은 유령이 나왔다고 한다.

한밤중의 공원에서
그네 타는 소리가······

　작년 가을, 이 공원 근처에 살고 있는 소녀가 불치의 병으로 세상을 떠났다.

　백혈병이라는 혈액 암에 걸리기 전까지, 그네 타기를 좋아한 은주는 매일 이 공원에서 놀고 있었다.

　병원 침대에서 매일 아침 일어나면,

　"오늘은 그네를 탈 수 있겠지요?"

하고 작은 눈을 깜빡이며 간호원에게 묻곤 했다.

　그 소녀는 죽기 직전까지 오로지 그네 이야기만 했다고 한다.

   그러고 나서 기괴한 사건이 이 공원에서 잇따
라 일어나기 시작한 것이다. 그네를 타고 있던 남
자 아이가 무엇인가에 떼밀려서 떨어져 큰 부상
을 입었다.

그 사내아이의 말에 따르면 누군가가 등을 떼밀었다는 것이다.

그 때 다른 아이들은 모래밭에서 놀고 있었고 설령 누군가가 밀었더라도 힘차게 타고 있는 그네에 접근해서 등을 민다는 것은 위험해서 할 수가 없다.

다시 1주일이 지난 어느 날 밤 1시경, 회사를 다니는 어떤 남자가 택시를 타고 집에 가는 도중 공원 앞을 지나갈 때였다.

그런데, 바람도 불지 않는데 그네가 저절로 흔들리고 있는 것을 보았다.

그것이 바로 은주의 유령이었을까?

자살한 사람의 유령이
오늘 밤에도 당신을 부른다

자살한 사람이 많은 아파트로 유명한 서울의 모 아파트처럼, 부산에 있는 이 아파트 단지에서도 몇 개월 사이에 4명의 자살자가 생겼다.

✿ 자살하는 장소가 집중된다

모두가 13층 베란다에서 뛰어내리고 있다.

게다가 시간도 대체적으로 한밤중인 새벽 2시경이고, 자살한 사람은 모두 이 아파트에 살고 있지 않는 사람들이라는 것이다.

이 밖에도 높은 빌딩이나 건물, 다리 등이 많이

있는데, 왜 하필이면 같은 아파트에 집중하는 것
일까?
　예를 들면 이런 사건이 있었다.

이 단지 근처에 살고 있는 어떤 여자 회사원이 밤 11시경 잠자리에 들었으나, 왠지 잠을 이루지 못하고 새벽 1시경에 겨우 잠이 들었다.

그런데 이상하게도 추운 느낌이 들어 눈을 떠 보니, 그 곳은 자기 집이 아니고, 이 아파트의 13층 베란다였다.

그녀는 무엇인가에 홀려서 마치 몽유병자처럼 자살 현장까지 와 버린 것이다.

✿ 왜 자살할까?

자살하는 사람의 대부분은 이 세상에 미련을 남기면서 외로이 죽어 간다.

그리고 그 고독 때문에 친구를 찾고 있는 것이다.

당신도 그 희생자가 될 가능성이 전혀 없다고는 할 수 없다.

육친·지인의
영혼

만일 당신의 가족이나 친지·친구들이
죽어서 영혼이 배회하고 있다면, 역시 당
신을 만나고 싶어할 것이다. 그럴 때 당
신이라면 어떻게 할 것인가?

죽은 육친의 영혼이……

당신을 몹시도 사랑해 주었던 할아버지나 할머니가, 돌아가신
후에도 당신을 지켜 주실지도 모른다…….

큰아버지가 꿈에 나타나서……

나는 23살 먹은 공무원으로, 점심을 먹고 나면 잠이 쏟아지는 극히 평범한 샐러리맨이다. 하지만 때때로 이상한 꿈을 꾼다.

❋ 기묘한 꿈

한 달쯤 전에 나는 감기 때문에 직장을 잠깐 쉬고 집에서 누워 있을 때 꿈을 꾸었다.

그 꿈 속에서는 2년 전에 돌아가신 큰아버지가 나타났다. 나는 큰아버지 집에 있었다.

그 곳에는 실제로는 없는 복도로 이어진 별채가 있고, 거기서 큰아버지를 본 것이다.

나는 꿈 속에서도 큰아버지가 옛날에 이미 돌아가신 것을 알고 있었지만, 열심히 큰아버지를

불렀다.

　어쩐지 그 때 부르지 않으면 정말 돌아가실 것 같은 생각이 들었기 때문이다.

　그런데 큰아버지는,

　"나는 벌써 죽었단다. 그러니까 이제는 나를 잊도록 해라."

하는 말을 남기고는 방 안을 한 바퀴 돌고서 사라져 버렸다.

❧ 꿈에 본 것과 똑같은 별채의 그림이!

꿈을 꾸고 난 지 며칠 후에 우연히 볼일이 생겨서 큰집에 가게 되었다.

거기서 큰어머니로부터 집을 새로 짓는다는 말이 나왔을 때, 문득 꿈 생각이 나서 이야기해 주었다.

"이런 모양의 별채였어요."

하고 옆에 있던 종이에다 꿈에서 본 대로 비교적 상세하게 그림을 그려 가면서 이야기했다.

그러자 큰어머니께서는 옛날에 큰아버지가 그렸다는 설계도를 나에게 보여 주셨다. 그것은 내 꿈에 나타난 것과 똑같은 것이었다.

나는 큰아버지가 살아 계실 때는 전혀 그런 이야기를 들은 적은 없다.

돌아가신 큰아버지는 나에게 무슨 말을 하고 싶었을까⋯⋯!

돌아가신 큰아버지의 소원이 유령이 되어 나타났다…!

▲

그녀의 경우는, 큰아버지의 혼령에 의한 영시와 영청으로 나타난 전형적인 현몽 현상이다.

자다가 꿈을 꾸는 것은 자기의 영시 속에 있는 잠재 의식의 활동으로 나타나는 경우가 많고, 영혼이 받은 감각이나 의지가 꿈으로 영상화된다.

현몽도 잠자는 동안 자기 영혼이 다른 영혼과 감응하여, 그 영혼의 호소를 꿈이라는 형상으로 보여 주는 것으로, 영몽이라고도 한다.

그녀의 경우에 그 영혼이 그녀가 잘 알고 있는 큰아버지이고 혼령의 작용도 매우 온순했기 때문에, 두려워하거나 놀라지 않고 냉정하게 그 영시를 받을 수 있었을 것이다.

큰아버지가 왜 꿈 속에서 나왔느냐 하면, 아마도 큰
아버지가 집을 짓게 된 것을 알고, 생전의 꿈이었던 별
채를 만들었으면 하는 바람과 집을 새로 짓는다는 기
쁨을 그녀를 통해서 가족들에게 전하고 싶었기 때문이
라고 생각한다.

또, 이것을 계기로 큰아버지의 영혼이 새로 짓는 집이
나 그녀를 지키는 수호령이 되어 줄 가능성도 있으
므로, 감사하는 마음을 잊지 말아야 한다.

체험담·육친의 영혼

육친의 영혼이 우리들에게 모습을 보이는 것은 무슨 주의 사항
이 있어서인지도 모릅니다. 여러분은 항상 올바른 생활을 하고
있습니까?

돌아가신 할아버지가 나를
바다에······

내가 아직 갓난아기일 때 부모님을 따라 할아버지의 산소에 성묘하러 갔다.

우리 할아버지는 35살 때 물에 빠진 아이를 구하려다 돌아가시고 말았다고 한다. 그래서 할아버지의 산소는 바다 가운데에 있는 조그마한 섬에 있다.

성묘를 하고 돌아오는 배 안에서의 일이다.

어머니는 나를 안고 갑판에 나가 있었다. 그 때 무엇인가가 나를 자꾸만 잡아당기는 게 아닌가!

깜짝 놀란 어머니는 나를 껴안고, 필사적으로

놓치지 않으려고 버티었다. 그러나 그 힘이 너무 강해서 마침내 어머니는 포기 상태가 되었다.

바로 그 때 아버지가 나타나서 나는 무사히 구조되었다.

할아버지에게는 첫 손자인 나……. 할아버지는 첫 손자인 내가 귀여워서 당신 옆으로 데리고 가고 싶었기 때문이라고 어머니는 말하고 있다.

그러니까 틀림없이 바다 속에서 보이지 않는 손을 뻗어서 어머니에게 안겨 있는 나를 끌어당겨 데리고 가려 했다고…….

하지만 그 때 내가 바다에 빠져 버렸다면…… 하고 생각하면 지금도 몸이 오싹해진다.

나는 할아버지를 만나 죽어 버렸을까…… ?

돌아가신 할머니가 언니의
이불 속에!

 이것은 5월 초에 일어난 이야기지만, 그보다 조금 전에 할머니가 돌아가셨다.

 일요일 날 나는 아침 8시에 일어났다. 그런데 언니의 방문이 조금 열려 있었다. 보통때라면 그 문을 열어젖히고,

 "언니, 빨리 일어나!"

하고 소리쳤을 테지만, 그 날은 웬일인지 깨우지 않았다. 다만 언니가 이불 속에 들어가 있는 불룩한 모습만 보았다.

 그런데 10시가 조금 지나서 언니가,

"다녀왔습니다!"
라고 하면서 현관으로 들어오는 것이 아닌가!

언니의 말로는 어젯밤 친구 집에서 자고 왔다는 것.

'아니!? 그럼 이불 속에서 누가?'
라고 생각하며 얼른 언니 방으로 가 보았다.

그런데 문은 아무도 건드리지 않았는데도 활짝 열려 있고, 이불은 훌렁 뒤집어져 있었다!

아버지도 아침에 이불이 불룩한 것을 보셨다고 한다…….

그렇다면 이불 속에는…… 돌아가신 할머니가 계셨단 말인가!?

할머니가 만나러 오셨다!

우리 할머니가 돌아가시고 나서 꽤 오래 지난 어느 날, 이상한 일이 일어났다.

나는 그 날따라 아침 7시경에 눈을 떴다. 하지만 봄방학 중이었기 때문에,

'아직도 너무 이르잖아……'

하고 다시 눈을 감았다.

그런데 갑자기 등쪽이 서늘해지는 것 같았다. 이불을 덮지 않아서 그런가 하고 살펴보았으나, 이불은 제대로 덮여 있었다.

그래서 그다지 신경 쓰지 않고 누워 있었는데,

이번에는 느닷없이 따뜻한 손이 내 등을 쓰다듬
는 것 같았다.

　나는 깜짝 놀라서 소리를 지르려고 했지만 어
찌된 영문인지 목소리가 나오지 않았다.

　잠시 후 이번에는 목소리가 들려 왔다.

"귀여운 내 새끼, 허허허."

하고 웃는 것이었다.

　정말이라니까!

　처음엔 무서워서 어쩔 줄 몰라했지만, 나중에
는 기분좋은 느낌도 들었다.

돌아가신 할아버지의 상반신이!?

이것은 우리 어머니의 체험담인데…….

할아버지가 돌아가신 지 1년이 되어서 우리 가족과 친척들은 모두 제사를 지내기 위해 할아버지 산소에 갔다.

제사를 지내기 위하여 몇 가지 음식물을 마련해 갔는데, 할머니가,

"여기에다 버려 두고 가면 아깝잖아. 그러니 가지고 가자."

하고 말씀하셔서 어머니는 그 음식물을 모두 가지고 왔다.

그런데 그 날 밤. 어머니는 자다가 숨이 막히는 듯하여 눈을 떴다는 것이다.

그런데!! ……자고 있는 어머니 눈앞에 할아버지의 상반신이 스르르 나타나더니, 어머니의 얼굴 바로 위에서 험상궂은 표정을 지으며 노려보았다고 한다.

"왜 내가 먹을 음식을 모두 가지고 갔느냐!?"

마치 그런 말씀을 하면서 화를 내고 계시는 것 같았다고 한다.

지인의 유령을 보았다······!

당신의 친구나 아는 사람 중에서 죽은 사람이 있습니까? 젊을
때 이 세상을 떠난 사람은 역시 이승에 미련이 남는 모양입니
다.

산에서 조난당한 청년

항상 명랑하고 부지런한 박영호 청년을 길거리에서 만났는데 인사를 하지 않는다. 이상하다고 생각했었는데……

❋ 등산을 좋아한 청년

서울역 옆에 한 분식점이 있다.

이 가게에는 중학교를 졸업한 후부터 일하고 있는 박영호라는 종업원이 있었다.

명랑하고 부지런한 청년이어서 이웃의 평판도 좋아 모든 사람들로부터 인기가 좋았다.

같은 가게에서 9년이나 일했다는 것은 무척 어려운 일인데, 그것은 주인과 사이가 좋다는 증거

로서, 주인은 박군을 종업원이라기보다는 이제 친아들처럼 대하고 있었다.

이 박군의 유일한 즐거움은 등산이었다. 18살 무렵부터 휴일만 되면 등산을 하게 되어, 3년 전부터는 멀리 지방의 유명한 산을 찾아 토요일부터 배낭을 꾸리기도 했다.

주인도 그럴 때면 기꺼이 박군을 떠나 보내곤 했지만, '등산만 하지 않는다면 저 놈은 백 점짜리인데!' 하는 말을 항상 손님들에게도 말했고, '제발 사고나 없어야 할 텐데.' 하고 걱정했다.

❀ 박영호 군이 평소와 다르다

재작년 늦여름, 이웃에 사는 영숙이 어머니는 점심 때 쇼핑을 하다가 이 박군을 만났다. 박군은 등에 배낭을 진 채 길 한가운데를 제법 빠른 걸음걸이로 걷고 있었다.

"박군, 또 등산이야?"

하고 영숙이 어머니가 말을 걸었으나, 박군은 흰 이빨만 들어내고 쓸쓸한 미소만 지을 뿐 아무 말 없이 사람들 속으로 사라지고 말았다.

영숙 어머니는 이웃의 아주머니에게,

"박군이 좀 이상한데요?" "

그래, 언제나 자기가 먼저 인사하고 했었는데……. 지금 몹시 바쁜가 봐요."

두 사람은 박군의 행동이 보통때와 달라서 언뜻 이상한 생각이 들었으나 곧 잊어버렸다.

그 다음 날 영숙 어머니는 혼자서 점심을 먹고 있었다. 텔레비전에서는 뉴스를 하고 있었다.

"어제 도봉산 중턱에서 박영호 씨가 절벽에서 미끄러져 사망했습니다……."

영숙 어머니는 자기도 모르게 소리를 지르고 있었다.

"박군!"

영숙 어머니는 파랗게 질려서 말했다.

"그렇다면 어제 만난 박군은……!"

박군이 있었던 그 분식점은 얼마 후 문을 닫고 말았다.

유령이 되어 자기의 죽음을 알렸다!

▲

이 경우는 산에서 죽은 박군의 영혼이 마지막 이별을 고하기 위해, 생전에 친분이 있는 사람을 찾아 돌아다니다가 우연히 영혼과 파장이 맞는 영숙 어머니에게 자기의 죽음을 모두에게 알려 주는 역할을 부탁하기 위하여 나타난 것이다.

사람은 죽는 순간에, 지금까지 살아온 기록을 마치 주마등처럼 매우 빠른 속도로 되돌아본다고 한다. 이때 특히 잊혀지지 않는 거리나 사람에게 작별을 고하기 위하여 한순간 여러 곳으로 간다고 하는데, 상대가 자기와 파장이 맞으면 여러 가지 현상을 일으켜 자기의 죽음을 알리는 것이다.

박군의 생명의 불꽃이 완전히 꺼진 것은 영숙 어머니가 박군을 본 그 순간이었을 것이다.

육친·지인의 영혼

그녀가 깔깔거리는 웃음 소리와 함께 당장에 눈앞에
나타날 것만 같았다. 그로부터 6개월이 지났다.

친구의 유령에게 구조된 나

교통 사고로 죽은 친구가 내 앞에
나타나서 나를 떼밀어 넘어뜨렸
다……!?

❋ 교통 사고로 친구가!

영애가 죽었다. 어릴 적부터 같이 자란 나의 친구가 죽어 버렸다.

그런데 이상하게도 눈물이 나지 않았다. 교통 사고로 자동차에 깔려 버린 영애.

무참하게 짓이겨진 몸을 흰 옷으로 감싸 눈앞의 관 속에 누워 있는 영애였으나, 피어오르는 향불 저 쪽의 검은 테를 두른 액자 속에서 웃고 있는 영애를 보면 도무지 영애의 죽음이 믿어지지 않았다.

그녀가 깔깔거리는 웃음 소리와 함께 당장에 눈앞에 나타날 것만 같았다. 그로부터 6개월이 지났다.

✾ 영애가 나타났다

잔뜩 흐리고 무더운 어느 날 아침, 나는 큰 길에서 학교 가는 버스를 기다리고 있었다. 거리는 수많은 차량의 소음이 요란했고, 혹시나 비가 오지 않을까 하여 나는 하늘을 쳐다보고 있었다.

문득 버스가 오는 방향을 쳐다보았을 때 나와 똑같은 교복을 입은, 눈에 익은 걸음걸이로 오는 소녀가 있었다. 영애였다!

무더위 때문인지 약간 상기된 얼굴로 지나가는 사람들 사이를 그녀는 아무렇지도 않은 듯 보조를 맞추어 걸어온다.

    그리고 내 앞을 마치 인형처럼 무표정하게 지나쳐 가려고 한다. 내 얼굴이 그녀의 움직임을 뒤쫓는다. 그녀는 아무 반응도 나타내지 않는다.

"얘! 영애야!"

    내가 황급히 부르자 그녀는 먼저 시선을, 다음에는 얼굴을 천천히 내 쪽으로 돌리고 멈춰섰다. 나는 영애의 눈을 보았다.

　그녀는 잠시 눈을 깜빡이면서 나를 보았다. 그
리고 그녀는 갑자기 오른손을 치켜올려 내 가슴
을 밀어젖혔다.

갑자기 강한 힘으로 떼밀린 나는 몸의 중심을 잃고 데굴데굴 굴러 보도 옆으로 꼴사납게 넘어지고 말았다.

✿ 나를 살려 주었다!

얼굴을 들어올리는 순간 **"광~!"** 하는 충격음에 이어 **"으악~!"** 하는 비명이 들려 왔다.

조금 전까지 내가 서 있던 버스 정류장에 대형 트럭이 뛰어들어, 여러 사람이 나동그라지고 있었다.

주변은 삽시간에 피바다를 이루었다. 나만이 무사했다…….

영애가 나를 살려 준 것이다!

영애의 영혼에 감사하는 마음을!

▲

이 경우는 영애의 영혼에 의한 수호 현상이라고 할 수 있다. 다정한 친구였던 영애의 죽음에 대해 그녀는 그것을 부정하려고 노력하며 끝까지 영애를 잊지 않으려 했다.

그러한 당신에게 미련이 있었는지 영애의 영혼은 아마도 계속해서 당신 곁을 떠나지 않았던 것 같다.

그 날 사고가 일어날 것을 미리 안 영애의 혼령은 최후까지 친구로 남아 준 당신을 지키기 위해 모습을 나타냈고, 당신을 떼밀어서 쓰러뜨리는 수단으로 당신을 수호해 준 것이다.

그리고 당신에게 모습을 나타내 보임으로써, 항상 당신 곁에 함께 있을 테니 너무 슬퍼하지 말라는 암시를 동시에 해 주고 싶었으리라고 생각한다.

영애의 영혼은 앞으로 당신의 수호령이 될 가능성이 있으므로, 감사하는 마음과 영애를 언제까지나 잊지 말아야 할 것이다.

사후의 세계

인간은 죽으면 도대체 어떻게 되는 것일
요? 육체는 없어지지만 영혼은 없어지지
않는다는 사고 방식도 전혀 잘못된 것이
라고 할 수 없다.

죽었다가 소생하는 불가사의

죽었다고 하여 관 속에 넣었는데 다시 살아나는 경우가 있다.
그러한 사람은 사후의 세계를 엿볼 수 있었을 것이다…….

돌아가신 아버지가
아름다운 초원에!

제2차 세계 대전이 끝난 직후 수정 어머니는 폐결핵으로 병상에 누워 있었다.

당시 폐결핵이라고 하면 이렇다 할 특효약도 없어서, 사망률이 매우 높은 병이었다.

✳ 깊은 잠에 빠져들어 꿈을…

병상의 수정 어머니는 깊은 잠에 빠져 있었다. 그녀 자신은, '계속 졸음이 와서 잤을 뿐.' 이라고 한다.

그러나 주위 사람들은 이제 마지막이라고 생각

했다는 것이다. 의사도 가망이 없다고 했다.

수정 어머니는 꿈을 꾸고 있었다……

그녀가 울창한 숲 속에 나 있는 오솔길을 따라
가니 아름다운 초원이 나타났다. 그 곳에는 파란
꽃이 만발해 있었는데 주위에는 수많은 촛불이

켜져 있었다.

'이렇게 아름다운 곳도 있구나! 나는 언제까지나 여기 살아야지.'

그녀는 그렇게 생각했다. 그런데, 갑자기 눈앞에 돌아가신 아버지가 소복 차림으로 서 있는 것을 보았다.

아버지는 이렇게 말했다.

"여기 오면 안 된다! 여기 오면 안 된다!"

❋ 소생한 수정이 어머니

정신이 번쩍 들어 수정 어머니는 눈을 떴다. 사람들이 놀란 표정을 지으며 그녀의 주위를 에워싸고 있었다. 이미 장례식 준비를 하고 있었던 것이다.

그 이후 별다른 약을 먹지 않았는데도 수정 어머니는 눈에 띄게 회복하여 어느 사이엔가 완전히 건강을 되찾았던 것이다.

죽었다 소생한 체험

소생을 체험한 사람들이 보고 온 세계는 이상하게도 공통되는 부분이 있다. 사후의 세계를 증명하는 단서가 거기에 있다……

부드러운 빛이 넘치는 곳

　나는 생전에는 보지 못한 아름다운 초원의 한 가운데에 있었다. 주위에는 아무도 없었다. 그러나 이상하게도 고독감 같은 것은 없었다.

　감기가 심해서 폐렴이 되어 높은 열로 심음하고 있었던 것이 마치 거짓말처럼 없어지고, 아주 편안하고 흡족한 기분이 되어 있었다.

　나는 지금 어디에 있단 말인가?! 그리고 이 초원 가득히 내리비치는 빛은 어떤 것일까?

　햇빛과 같은 따뜻함은 느껴지지는 않지만, 마치 자기 피부의 일부와도 같은 부드러운 빛!

　잠시 그 곳에 머물고 있던 나는 누군가에게 이
끌리듯이 걷기 시작했다.

　나 자신에게는 어디로 간다는 목적지도 없는
데, 주저하지도 않고 어떤 방향을 향해 걷고 있는

것이다.

강이다! 앞쪽에 갑자기 아직 한 번도 본 적이 없는 크고 아름다운 강이 보이기 시작했다.

나는 마치 빨려 들어가듯이 강으로 들어가려고 했다.

그런데, 갑자기 커다란 소리가 나를 부르는 것 같았다.

눈을 떠 보니 나는 병원의 침대 위에 누워 있었다. 거기에는 나를 걱정스러운 표정으로 내려다보는 부모님과 형제들의 모습이 있었다.

나는 소생한 것이다……

기적적으로 소생한 남자

북한강 어느 곳에서 낚시를 하던 중 보트가 뒤집혀서 물에 빠져, 심장이 정지된 상태가 약 35분간 계속되자 의사도 한때는 포기했었는데, 다시 심장이 뛰기 시작하여 되살아난 회사원이 있다.

병원측은,

"이론적으로는 있을 수 없는 일이 일어났다!"

하며 놀랐다.

바로 그 장본인인 김씨는 구급차 안에서 15분 동안 인공 호흡을 받았다. 보통은 심장이 멈추고 나서 3분 이내에 심장 마사지를 하면 회복되지만, 3분이 지나면 식물 인간이 될 위험도 있다.

그러나 김씨의 경우 심장 마사지를 계속했더니 아주 느리게 반응이 보이기 시작하고 그와 동시에 호흡을 시작했다.

구급대가 맥박이 뛰지 않는 것을 확인하고 나서 약 35분 후의 일이었다.

사고가 난 날, 이웃 사람들 사이에 장례 준비의 이야기가 나왔었다는 말을 들은 김씨는,

"흰 옷을 입고 돌아왔더라면 좋았을 텐데."

하고 농담을 할 정도로 건강해졌다.

김씨는 일단 사후의 세계로 떠났던 사람인 것이다. 이 35분의 공백에 대해 김씨는 아무 말도 하기 싫다며 입을 굳게 다물었다.

그는 도대체 어떤 세계를 보고 왔을까 궁금하다…….

소생하기까지의 역정

● 4가지의 공통 체험

극소수의 초능력 인간을 제외하고는 사후의 세계를 보고 돌아온 사람은 없을 것이다. 그러나 죽음 직전까지 갔다가 소생한 사람은 상당한 수에 이르는 것 같다.

이른바 죽음에 가까운 체험이란 것인데, 이 죽음의 체험을 겪은 사람들의 기록을 보면, 이상하게도 모두가 비슷비슷한 경험을 하고 있는 것 같다.

레이몬드 무디 박사(노스캐롤라이나 대학 부속 병원의 신경 외과 의사)의 연구에 의하면 그 공통 체험을 다음과 같은 것으로 열거하고 있다.

그것은 〈영혼의 육체로부터의 이탈〉, 〈어둡고 긴 터널〉, 〈아름다운 세계〉, 〈육체와의 재결합〉 등이다.

● 영혼의 방황

〈영혼의 육체로부터의 이탈〉 현상은 유체 이탈이라고도

하는데, 육체가 죽으면 영혼은 육체에서 떠난다는 것이다.

그리고 이탈할 때는 뒤통수 쪽에서 스스로 떠나간다고 생각하고 있다.

육체를 이탈한 영혼은 얼마 동안 그 자리에 떠 있는데, 대부분 천장 부근에서 자신의 시체를 내려다본다고 한다. 그리고 그 시체를 에워싸고 슬픔에 잠겨 있는 사람들을 이상하게 생각하면서,

"난 여기 이렇게 살아 있는데!"

하고 열심히 주장하지만, 그들에게는 전혀 들리지 않는다.

이 시점에서는 영혼은 아직 자기의 육체적 죽음에 의해 확실하게 모르고 있는 것이다.

이윽고 무엇인가에 이끌리듯이 영혼은 긴 여로에 오른다고 한다. 〈어둡고 긴 터널〉로 들어가는 것이다.

영혼은 거기서 인간 세계에서 살아 온 동안에 해 온 여러 가지 일을 스크린에 비치는 듯한 형태로 보게 된다.

인간 세계에서 한 못된 짓이나 고생했던 장면을 보게 되면 매우 괴롭고 슬픈 기분이 되고, 착한 행동이나 즐거웠던 장면을 보게 되면 비길 데 없이 흡족한 기분이 된다고 한다.

유체 이탈의 수수께끼

영혼이 몸에서 떨어져 나가는 것을 유체 이탈이라고 한다. 의외로 자신도 모르는 사이에 유체 이탈을 경험한 사람이 많은 것 같다.

잠들어 있는 자신의
얼굴을 보았다

*현실인지 꿈인지는 모르지만
나는 잠들어 있는 또 하나의 나
를 분명히 보았다.*

�֍ 기묘한 꿈!

며칠 전, 나는 기묘한 체험을 했다.

그 날도 보통때처럼 내 방의 침대에 누워 있었
는데 어째서인지 잠에서 깨어났다.

방 안은 칠흑같이 어두워서 아직 한밤중이라고
생각했다. 몸을 일으키려고 했는데 쉽게 일어날
수가 없었다.

어쩐지 이상한 느낌이 들었지만 혹시 내가 꿈

을 꾸고 있는 것은 아닐까? 하고 생각했다.

 어떻게 해서든 몸을 일으켜서 방을 나가 보려
고 했지만, 다시 마음을 고쳐먹고 그대로 아침까

지 누워 있어야겠다고 마음먹었다.

✿ 또 하나의 나

휘둘러보아도 여느때와 다름없는 방. 머리를 침대 모서리에 부딪히지 않도록 해야겠다고 머리 맡 쪽을 보았다.

그런데 베개를 베고 또 하나의 내가 잠들어 있는 것이 아닌가!

'저런?'

나는 이상하게 생각했다. 그러나 그대로 편안하게 누워 잠들어 버렸다.

아침에 보통때처럼 잠에서 깬 나는 어젯밤의 일이 생생하게 떠올랐다. 이상한 꿈도 다 있다고 생각했지만 웬일인지 두렵지는 않았다.

도대체 그것은 무엇이었을까?

전형적인 유체 이탈 현상

이 체험은 전형적인 유체 이탈 현상 같다.

이 유체 이탈 현상은 사춘기에서 청년기에 걸쳐서, 특히 신경이 예민한 여성한테서 잘 일어나는 현상으로, 고민이나 걱정하는 일이 있어 좀처럼 잠을 이루지 못하는 밤에 곧잘 나타난다.

신체의 조절을 뇌에서 하는 깨어 있는 의식의 제어에서, 자기 자신의 영혼이 하는 잠재 의식의 제어로 바뀌는 잠잘 때, 보통때의 고민 따위의 누적으로 자기 자신으로부터 도피하고 싶다는 잠재 소망이 신체로부터의 영혼의 이탈, 즉 유체 이탈로 나타나는 것이다.

유체 이탈에도 영혼의 꼬리는 항상 몸 안에 있고 머리 부분만이 몸에서 떠나 방 안을 떠다니거나 때로는 영혼의 세계의 입구까지 가기도 한다.

그 때의 의식은 영혼 안에 있으므로 영혼이 맡은 감각이 그대로 자기 의식에 느껴지는 것이다.

일반적인 심령 현상과의 큰 차이 점은, 다른 영혼의 영향이나 속박이 아닌 자기 영혼의 의식에서 일어나는 현상으로서, 그것에 대한 자각이 있어 공포를 느끼지 않는 것이다.

전 생 의   수 수 께 끼

한번 죽은 인간의 영혼이 다른 인간으로 다시 태어나는 것을
'전생'이라고 합니다. 당신의 영혼도 먼 옛날에는 다른 사람의
육체에 있었는지도 모릅니다…….

전생의 상처 자국을 가진 소녀

전생(이 세상에 태어나기 전의 세상)을 실증할 만한 이상한 사건을 소개한다.

이것을 읽으면 당신은 다시 태어난다는 것을 어느 정도 믿게 될 것이다……!?

✽ 처음 만나는 부인을 보고 갑자기!

그 소녀는 지금도 스리랑카에 살고 있다는데, 이름은 그나티레카라고 한다.

그나티레카는 어느 날 거리에서 한 노부인을 보자 가까이 가서 큰 소리로 외쳤다.

"엄마, 저예요, 튜린이에요!"

하고 마치 소년과 같은 말투로 말했다.

그 때 그나티레카는 6살이었는데, 아마도 전생

에서는 그 노부인의 아들인 튜린이었던 것 같다.

분명히 그 노부인에게는 튜린이라는 아들이 있었는데 13살 때 교통 사고로 사망했다고 한다.

✿ 전생의 일을 모두 기억하고 있다!

이 사건은 엄밀하게 조사한 후 전생 현상(다시 태어나는 현상)으로 인정되었다.

이 때의 조사는 먼저 그나티레카에게 튜린이었을 때의 기억을 더듬게 하여, 그것이 사실인지 아닌지를 확인하는 것이었다.

그 결과 그나티레카는 튜린의 생일을 비롯해서 사망한 날, 게다가 어떻게 해서 죽었는가 하는 것까지 정확하게 말했다. 그녀는 그 때를 상기하면서 울음을 터뜨리기까지 했다고 한다.

이 밖에도 아버지 직업, 튜린의 습관이나 취미, 크레용을 언제나 두 통씩 갖고 있었고, 동물 그림 그리는 것을 좋아했다는 것까지 알아맞혔다.

그러나 아직도 미리 짜 놓은 각본이 아닐까 하고 의심하는 사람이 있었기 때문에, 30명의 사람을 세워 놓고 그 중에서 튜린의 형과 누이동생을 알아맞히게 하는 시험을 했다.

그나티레카는 한 번 훑어보고는 두 사람의 형과 누이동생을 찾아내었다.

그래도 또 의심하는 사람이 있어서,

"이 아이가 진짜 너의 형이다."

라고 거짓으로 튜린의 형이 아닌 사람을 가리켜 보았다.

그러나 그나티레카는 화를 내면서,

"이쪽이 형이야. 형은 발바닥에 개한테 물린 자국이 있으니까 그것을 보면 확실합니다!"

하면서 튜린과 가족 이외에는 아무도 모르는 일을 서슴없이 말했다.

❀ 갑자기 옷을 벗는 그나티레카!

그러고 나서 그나티레카는 갑자기 옷을 벗기 시작했다.

"이걸 보세요!"

그렇게 말하면서 그나티레카가 가리키는 곳을 보니, 튜린이 교통 사고로 죽었을 때에 생겼던 똑같은 상처 사국이 있었다.

영혼 세계 탐방

영혼 세계에 간 경험이 있는 사람은 우리나라에도 많이 있지만 스웨덴의 스웨덴보그는 세계적으로 유명하다.

● 영혼 세계로 가기까지의 과정

임마누엘 스웨덴보그는 1688년에 태어나 천문·물리·경제·철학 등의 분야에서 활약한 천재적인 학자였다. 물론 심령술사로서는 세계 제일이었다.

스웨덴보그는 영혼 세계에 이르기까지 다음과 같은 과정을 거친다는 설을 주장했다.

1. 육체의 죽음

누구나 육체가 죽지 않으면 영혼의 세계로 떠날 수 없다. 그러나 스웨덴보그나 종교가가 영혼 세계를 왕래하는 경우

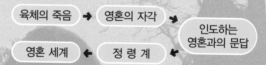

육체의 죽음 → 영혼의 자각 → 인도하는 영혼과의 문답 → 정령계 → 영혼 세계

는, 일시적으로 죽은 상태가 되고 나서 가게 된다. 이것은 〈죽음의 기술〉이 그들에게는 있기 때문이며, 일반 사람들에게는 그런 기술이 없으므로 실제로 죽지 않는다면 영혼 세계로의 여행은 불가능하다.

2. 영혼의 자각

육제가 죽으면 이번에는 영혼으로서의 의식이 자각되기 시작한다. 그러나 아직 생전의 의식도 섞여 있어서 자기가 죽었는지 살았는지 잘 모르는 경우도 많다고 한다.

그러다가 점차적으로 영혼 의식의 자각이 진행되어 큰 강

이 흐르는 광경이나 꽃이 만발해 있는 들판의 광경이 보이
는 경우가(이미 죽어 있으므로 상념으로 떠오른다) 많다고
한다.

그러나 갓 태어난 영혼(영혼이 된 지 얼마 안 되는)은, '내
가 정말 죽기는 죽었는가?' 하고 아직껏 얼떨떨한 상태이다.

3. 인도하는 영혼과의 문답

얼떨떨한 영혼을 인도하기 위해 인도하는 영혼이 나타난다. 인도하는 영혼은 아직 육체 의식이 약간 남아 있는 영혼을 보다 더 확실하게 알게 하기 위해 여러 가지 문답을 시작한다.

문답은 말이 아니고 서로의 상념에다 이미지를 주고받는 것으로 이루어진다. 구체적으로 말하면 서로의 영혼이 생각하고 있는 것이 마치 영화를 보듯이 나타난다는 것이다.

예를 들면, 정열적인 마음을 전하고 싶을 때는 붉은색이 스크린에 비춰진다는 식으로, 이미지로 서로 의사를 교환한다. 말은 필요 없이, 영혼끼리의 이야기는 거의가 이처럼 이미지를 스크린에 비치는 형식으로 진행한다.

인도하는 영혼은 갓 탄생한 영혼에게 얼굴을 덮고 있는 베일을 걷는 듯한 행동을 계속해서 이미지로 전달함으로써, 죽었다는 사실이나 영혼으로 탄생했다는 것을 깨닫도록 한다.

인도하는 영혼의 이 같은 작용에 의해 점차적으로 영적 자각이 이루어지게 되는 것이다. 그와 동시에 생전의 기억(영혼이 기억한 이외의 기억)은 잊혀져 간다.

4. 정령계

인도하는 영혼의 작용으로 어느 정도 깨달은 새로운 영혼은 영혼 세계와 현실 세계의 중간에 위치하는 정령계로 간다. 새로운 영혼은 여기서 영혼으로서의 수준을 결정하기 위한 조정 기간으로 들어간다. 즉, 정령계에서 영혼은 차츰 연마·세련되어 어떤 수준의 영혼이 되는가가 결정된다.

그것에 따라 영혼 세계의 여러 계층 중에서 자기가 가야 할 곳이 결정된다. 지옥계의 영파와 일치하는 것은 지옥계로, 천생계의 영파와 일치하는 것은 천생계로 가게 된다. 이처럼 혼령의 행선지를 결정하는 단계가 정령계이다.

5. 영혼 세계

영혼의 최후의 도달처는 영혼 세계이다. 먼저 영혼 세계의 구조부터 설명하겠다.

영혼 세계에는 3개의 세계가 있는데, 상중하로 나누어져 있다고 스웨덴보그는 주장한다.

3개의 세계는 모두가 영혼 세계임은 마찬가지지만 각 세계에서 사는 영혼의 성격, 즉 질적으로는 확실한 차이가 있다. 상의 세계에서 사는 영혼은 마음의 창이 활짝 열려 있

고, 중·하로 내
려감에 따라 좁
아진다.

　간단히 말하
면, 위로 갈수록
조화와 환희를
나타내는 데 비
해, 아래로 내려
갈수록 조화가
안 되고 혼탁해
진다.

　그리고 상중하 3개의 세계의 구조에 대해서는, 영혼 세
계에는 태양(영계의 태양)이 있는데, 상의 세계로 갈수록
태양이 방사하는 전류로 밝게 빛나고, 중·하의 세계로 갈
수록 태양의 전류가 약해진다고 한다. 그리고 상중하 3개
의 세계는 공기와 같은 막으로 격리되어 있어서, 영혼끼리
의 교류는 없는 것 같다.

윤회 전생의 이론

윤회 전생이란 말은 종교에서 곧잘 쓰인다. 여기서 말하는 윤회 전생은 종교와는 관계가 없는 기본적인 사고 방식이다.

● 전생은 어떻게 해서 일어날까?

어떻게 해서 전생이 생길까? 전생은 영혼 세계와 현실 세계와의 〈가교〉라고 할 수 있는 현상이다. 우리들의 영혼은 때로는 육체를 빌리고, 때로는 영적인 존재가 되어 저승과 이승을 오가면서 살아간다.

이것은 우주 의식이란 것에 의해 우리들이 살아간다는 것을 말해 주고 있다. 우주 의식이란 모든 것의 존재를 포괄하는 초의식으로서, 옛날부터 〈신〉이라 불리는 것의 실체일지도 모른다.

우리가 사는 세계는 현실 세계와 영혼 세계를 포함해서 우주 의식 속에서 생성을 반복하고 있는 것이 아닐까?

그리고 우리의 영혼도 그 우주 의식에 근접하기 위해 현실 세계나 영혼 세계를 오가면서 영적 성장을 계속하고 있는 것이다.

● 현실 세계는 영성을 높이기 위한 시련장

전생을 반복함으로써 영적 성장이 빨라지는 이유는, 현실 세계라는 특수한 상황이 영성을 연마하기에 아주 알맞은 구조이기 때문이다.

우리가 사는 현실 세계는 영혼이 육체에 갇혀 있기 때문에, 우리는 오감(시각·청각·후각·미각·촉각)만을 의지하는 좁은 세계밖에 볼 수 없는 영성을 도외시하거나 소홀히 하고 만다.

푸대접을 받은 영성은 내세(미래 세계), 또는 그 다음 후세에서 그 왜곡이 교정을 요구해 온다. 그 때문에 현실 세계에는 온갖 고뇌와 고통이 끊이지 않는 것이다.

현실 세계에서 자기의 영적인 잘못을 깨닫고 그것을 단절했을 경우, 돌아가야 할 영혼 세계에서의 단계는 훨씬 높아진다. 고통스러운 현실 세계야말로 우리들은 보다 더 크게 영성을 높일 수 있다.

윤회 전생의 비밀은 우리의 영혼이 우주 의식을 향해 보다 바람직한 발전을 하기 위해 부여된 대우주의 은혜이고, 만인을 구원하기 위한 우주의 자비인 것이다.

영적 향상을 도모하는 방법

당신의 영혼이 영적으로 얼마만큼의 수준에 있는가를 테스트하고, 그것을 높이는 방법을 연구해 보자.

● 영적 단계 테스트

지금부터 당신의 윤회 전생에서의 영적 단계를 알아보는 테스트를 해 보겠습니다. 다음 질문에 대하여 O, ×로 대답해 주십시오.

1. 1주일에 2번 이상 꿈을 꾼다.
2. 웬만한 위험이 닥쳐도 어째서인지 걱정이 되지 않고, 그런데도 결과는 좋아진 일이 있다.
3. 아는 사람의 죽음을 직감한 일이 있다.
4. 꽃을 보고 그 아름다움에 자신도 모르게 감동한 일이 있다.
5. 웬일인지 스님이나 종교가와 이상한 인연이 있거나 관심이 쏠린다.
6. 남이 기뻐하는 것을 보면 자기 일처럼 즐거워진다.

7. 남의 고통을 보면 진심으로 대신해 주고 싶을 때가 있다.

8. 자기가 보고 있는 세계와 똑같은 세계를 남들도 보고 있을까 하는 불안한 느낌을 가진 경우가 있다.

9. 아무 뜻도 없는 도형을 마치 미친 사람처럼 계속해서 그린 적이 있다.

10. 애인이나 남자(여자) 친구를 몹시 사귀고 싶을 때, 상대가 전혀 없었는데도 갑자기 직감적인 안심감이나 만족감이 솟아나서 곧 애인이 생긴 적이 있다.

11. 나무의 흔들림, 달에 걸쳐 있는 구름 같은 자연 현상을 보고, 갑자기 무엇인가를 확인한 것 같은 느낌이 든 직후, 큰 문제가 생기거나 오래된 고통이 사라진 경우가 있다.

12. 남을 도와 준 적이 있다.

당신의 영적 단계는?

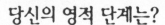

★ ○가 10개 이상 ……… 영적 단계는 상의 세계

☆★ 많은 사람을 행복하게 해 주도록

당신의 윤회 전생에 있어서의 영혼의 단계는 상당히 높고, 오랫동안의 전생을 되풀이하고 있습니다. 그 동안에 영혼이 정화되어 현실 세계에서는 거의 최종적인 단계에 와 있는 상태입니다.

계속해서 영성의 향상을 꾀한다면 많은 사람들을 당신의 힘으로 행복하게 해 줄 수 있을 것입니다. 당신에게는 남을 행복하게 만드는 힘이 있습니다. 고민하고 있는 사람들의 힘이 되어 주거나 열심히 일해서 남을 위해 봉사하는 생활을 계속해 주십시오.

★ ○가 6~9개 ······ 영적 단계는 중의 세계

☆★ 분노의 감정을 극복하도록

당신의 영적 수준은 중의 세계에 위치하고 있습니다. 중의 세계에까지 올라가면 거기서 더 떨어지지는 않지만, 현실 세계에서 해결하지 않으면 안 될 과제는 많습니다.

먼저 분노의 감정을 현실 세계에서 극복해야 합니다. 친구나 가족에 대한 분노의 감정에서 해방되었을 때, 영성은 윗 단계로 올라갑니다.

우선 인내하는 마음부터 기릅시다. 상대에 대한 증오심이나 분노하는 마음을 억제하고, 자신의 어리석음에도 눈을 돌릴 줄 알아야 합니다.

★ ○가 3~5개 이상 ······ 영적 단계는 하의 단계

☆★ 방자함과 물질욕을 억제하도록

당신의 영적 수준은 하의 세계에 위치하지만, 축복받은 영혼임에는 틀림이 없습니다.

　　그러나 이 영혼은 아직 미숙한 상태이므로, 방심하면 영성이 약화되기 쉽고 특히 욕망에 사로잡힐 약점을 갖고 있습니다. 그 중에서도 물질욕이 강해서 그 때문에 곧잘 실패합니다.

　　현실 세계에서 영성을 높이기 위해서는 모든 욕구를 최대한으로 억제하는 일입니다.

　　그렇게 함으로써 보다 더 높은 단계의 영계로 오

를 수 있습니다. 방자한 행동도 삼가야 합니다.

★ ○가 2개 이하 …… 영적 단계는 최하위의 단계

☆★ 규칙적인 생활을 하도록

당신의 영적 수준은 유감스럽지만 현재 단계로서는 최하위의 단계에 머물러 있습니다.

앞으로 어떻게 처신하느냐에 따라 향상과 퇴보의 차이가 커집니다.

그러나 현재의 당신이 결코 좋지 않은 인간이란 말이 아니고, 당신의 윤회 전생의 결과에서 본 영성의 이야기입니다. 되도록 풍요로운 심성을 갖고 현세에서 영성을 향상시킬 필요가 있습니다. 그러기 위해서는 규칙바른 생활을 하도록 노력하고, 특히 매일 인사를 잘 하도록 합시다.